Die Wahrheit über Lügen

Wann und wie Sie richtig schwindeln

AF665665

1. Auflage, Juni 2015
ISBN-13: 978-3-945362-11-2
Madame Missou wird vertreten durch die
Maracuja GmbH, Laerheider Weg 13
47669 Wachtendonk
info@madamemissou.de
www.madamemissou.de

FSC
www.fsc.org
MIX
Papier aus verantwortungsvollen Quellen
Paper from responsible sources
FSC® C105338

Inhaltsverzeichnis

1. Einleitung

„Lügen haben kurze Beine“, „Wer einmal lügt, dem glaubt man nicht, wenn er auch die Wahrheit spricht“, „Ehrlich währt am längsten“, „Wer lügt, der stiehlt“ – Sprichwörter übers Lügen gibt es viele und alle drücken im Kern dasselbe aus: Lügen ist unmoralisch, Lügen ist schlecht und sollte unterlassen werden. Tatsächlich haben wir bereits als Kleinkinder gelernt, dass auf eine ertappte Lüge stets eine Strafe folgt. Zugleich aber lernten wir, dass es Formen der Lüge gibt, die erwünscht sind und die niemand jemals als Lüge bezeichnen würde. Somit wurden wir bereits als Kinder mit der Ambivalenz des menschlichen Lügens konfrontiert. Zumeist haben wir bis heute nicht gelernt, was Wahrheit und was Lüge ist und warum der Mensch nicht ohne die Lüge kann.

In diesem kleinen Ratgeber erfahren Sie nun, was Wahrheit und Lüge tatsächlich sind und in welchen Situationen das Lügen zwar nicht offiziell erlaubt, aber doch notwendig ist. Ehrlichkeit mag zwar eine Tugend sein, doch ist sie dem sozial verträglichen menschlichen Zusammenleben nicht immer zuträglich. In den letzten Jahren sind zahlreiche wissenschaftliche Publikationen von Sozialwissenschaftlern, Psychologen und Philosophen erschienen, die allesamt mehr oder weniger dasselbe zum Inhalt haben: Wir lügen - oder besser gesagt „schwindeln“ - weil es ein soziales Erfordernis ist. Ohne Lügen würde unsere Gesellschaft zusammen brechen.

Wenn Sie dieses kleine Büchlein gelesen haben, werden Sie

nicht nur in den richtigen Situationen besser lügen und gleichzeitig Ihr Gegenüber schneller lesen können, Sie werden mit Sicherheit auch sich selbst sowie Ihren Mitmenschen gegenüber deutlich entspannter, was das Thema Lügen angeht. Und das ist es, was letztendlich zählt.

Ich wünsche Ihnen viel Freude bei der Lektüre,

Ihre Madame Missou

2. Wenn wir gnadenlos ehrlich sind

2.1 Experiment: Einen Tag nur die Wahrheit

Überprüfen wir doch einmal unsere moralischen Vorstellungen von der Lüge und der Wahrheit mit Hilfe eines Gedankenexperimentes. Stellen Sie sich vor, Sie würden einen ganzen Tag lang immer und in jeder Situation die Wahrheit sagen und zwar wirklich ausnahmslos. Stellen Sie sich also zum Beispiel einmal vor, wie Sie sich morgens aus dem Bett quälen und Ihrer Familie keinen „Guten Morgen“ wünschen, sondern Ihre Lieben stattdessen anfauchen. Übrigens hat Ihr Mann den Kaffee auch falsch gekocht und zu wenig Kaffeepulver in die Maschine getan. Und überhaupt, das selbstgemalte Bild Ihrer vierjährigen Tochter! Welch ein Gekrakel! Nein, das finden Sie nicht schön. Ihrer Nachbarin wünschen Sie ebenfalls keinen guten, sondern einen schlechten Tag. Die Frage Ihrer Kollegen nach Ihrem Befinden beantworten Sie wahrheitsgemäß mit „Mir geht es total schlecht, ich habe keine Lust zum Arbeiten. Außerdem finde ich das neue Projekt und die Vorgaben unseres Chefs absolut unsinnig“ statt mit „Geht so“, wie es klüger wäre. Ihrem Chef werfen Sie an den Kopf, dass er wohl keine Ahnung von der Materie hätte und sich erst einmal mit dem Thema befassen solle. Ihrer Kollegin, die sich über ihr neues Kleid freut, sagen Sie, ebenfalls der Wahrheit entsprechend, dass sie darin aussähe wie eine Presswurst und ihr die Farbe überhaupt nicht stehen würde. Und in diesem Stil geht es den lieben langen Tag so weiter. Schrecklich, oder? Aber so würde unser Alltag aussehen, wenn wir tatsächlich immer ehrlich wären. Viele Menschen vergessen gern, auch Tugenden wie Höflichkeit und soziale Umgangsnormen sind eigentlich nichts anderes als ziemlich drastische Lügen.

2.2 Sind ehrliche Menschen sympathischer?

Die meisten Menschen behaupten von sich selbst, sie seien immer ehrlich und würden gerade heraus frei ihre Meinung äußern. Dieses tatsächlich wahrhaftige Bild - denn diese Menschen sehen sich selbst nicht als Lügner - entspricht jedoch überhaupt nicht der Realität. Jeder Mensch lügt, wobei manche Leute mehr und manche eher weniger lügen. Im Internet geistern Zahlen zwischen zwei bis 200 Lügen pro Tag und Person herum, wovon niemand genau sagen kann, welche nun eigentlich stimmt. Ein gewisser John Frazier (oder auch Frazer, manchmal auch Fraser geschrieben), seines Zeichens angeblich Psychologe an einer amerikanischen Universität, will in einer Studie herausgefunden haben, dass jeder Mensch durchschnittlich 200 Mal am Tag lügt. Nun, ob der besagte Herr Frazier tatsächlich existiert, sei zweifelhaft. Somit wäre auch seine „Lügenstudie" eine Lüge.

Andere Wissenschaftler haben in tatsächlich nachprüfbaren Studien aufgedeckt, dass jeder Mensch etwa zwei Mal am Tag lügt. Manchmal bewusst, manchmal unbewusst, aber oft aus sozialen Gründen. Das kommt nicht von ungefähr: Ehrliche Menschen sind unsympathisch. Zwar würden wiederum viele Menschen spontan das Gegenteil behaupten, doch die Wissenschaft (sowie auch die eigenen alltäglichen Beobachtungen) beweisen, dass eher die guten Lügner sozial erfolgreich sind. Der amerikanische Psychologe Robert Feldman erklärt, warum dies so ist. Auch wenn die meisten Menschen behaupten, dass sie Lügen verabscheuen und immer die Wahrheit hören wollen, bestrafen sie doch schließlich den ehrlichen Menschen mit sozialer Ächtung und schließen sich dem Lügner an. Das geschieht ganz automatisch, denn ein überzeugender Lügner hat verstanden, dass eine Gemeinschaft nur funktionieren kann, wenn alle nett zueinander sind. Da „nett" auch solche Dinge wie Höflichkeit und soziale Konventionen miteinschließt, die im Grunde auch nur Lügen sind, sind Lügner beliebter. Dies gilt allerdings nur für Lügner, die aus guten Gründen lügen, nicht für die, die nur um des eigenen Vorteils wegen die Unwahrheit sagen.

2.3 Was ist das überhaupt, „Ehrlichkeit“?

Die Frage danach, was „Wahrheit“ und „Ehrlichkeit“ überhaupt sind und wie man sie definiert, treibt nicht nur die Philosophen unter uns bereits seit Jahrtausenden um. Angesichts der Tatsache, dass beide Begriffe eine so wichtige, ja existenzielle Rolle in unserer abendländischen Kultur spielen, sollte man doch meinen, ihre Bedeutung wäre längst geklärt. Doch, weit gefehlt! Die Wissenschaft diskutiert immer noch und kommt zu keinem Ergebnis, zumal jeder Fachbereich noch seine eigenen Erkenntnisse dazu beisteuert. Die klassische Definition, „Wahrheit“ sei eine Aussage, die sich auf einen tatsächlich existierenden Sachverhalt oder Gegenstand in der Welt bezieht, greift ein wenig zu kurz. Wahrheit ist nicht das Gegenteil von Lüge und Ehrlichkeit nicht der Gegenpol zur Unaufrichtigkeit. Um derart argumentieren zu können, müsste zunächst einmal ganz genau bestimmt werden, was wahr ist und was falsch. Ist nur das wahr, was sich zweifelsfrei verifizieren lässt? Oder können auch unsere Meinungen, Ansichten wahr sein, einfach aus dem Grund, weil wir sie für wahr halten? Und was ist mit Menschen, die meinen, die Wahrheit zu sagen und sich erst später herausstellt, dass die Behauptung gar nicht stimmt? Hat dieser eigentlich aufrichtige Mensch dann gelogen? Ganz schön kompliziert, nicht wahr?

Der moderne Philosoph Paul Feyerabend löste dieses Problem, indem er erklärte, „Wahrheit sei relativ“. Es gäbe nicht nur eine, sondern ganz viele Wahrheiten. Der Begriff „Wahrheit“ ist ein sehr abstrakter, dessen Bedeutung wir zwar verstehen, aber nicht festlegen können. Der Grund dafür ist vermutlich, dass es sich um eine (nicht einmal moralisch zu verstehende) Idee handelt, die sich aber im alltäglichen Erleben so nicht umsetzen lässt. Demzufolge hat sich auch unser Begriff von „Ehrlichkeit" gewandelt. Ehrlich ist nicht mehr derjenige, der die Wahrheit sagt, sondern schlicht derjenige, der nicht lügt. Schließlich kann auch jemand, der nicht lügt, die Unwahrheit sagen. Ebenso wie jemand, der lügt, (unabsichtlich) die Wahrheit ausposaunt. Klingt kompliziert, entspricht aber der *Wahrheit*.

2.4 Kann es zu viel Ehrlichkeit geben?

Wir müssen feststellen, dass es tatsächlich zu viel Ehrlichkeit geben kann. Dies ist dann der Fall, wenn man durch übertriebene und falsch verstandene Wahrhaftigkeit andere Menschen vor den Kopf stößt, sie verletzt, entmutigt oder ihnen keinen Trost spendet. Wahrhaftigkeit und Ehrlichkeit sind zwar rein theoretisch positive Tugenden, sollten jedoch nicht unüberlegt eingesetzt werden. Zur falschen Zeit ausgesprochene Wahrheiten können schlimme Folgen haben, sowohl für den Einzelnen als auch für die Gesellschaft. Stattdessen gilt es, einen für alle guten Mittelweg zu finden. Ohne aus sozialen Gründen ausgesprochene Lügen kann eine Gesellschaft, können sogar zwischenmenschliche Beziehungen keinen Bestand haben. Sie würden gar nicht erst zustande kommen und rasch wieder zerbrechen.

Die Ambivalenz, die wir hinsichtlich der Kategorien von „Lüge“ und „Wahrheit“ verspüren, macht sich selbstverständlich auch im Alltag bemerkbar. Ohne Lügen geht es nicht, doch mit der Unwahrheit im Grunde auch nicht. Denn fliegen Lügen auf, so ist das Vertrauen und oft auch die Beziehung zerstört. Es sei denn, man kann akzeptieren, dass die Lüge oder das Schwindeln zur menschlichen Natur gehört.

3. Die Wahrheit über das Lügen

3.1 Was ist Lügen?

Der Duden, das Standardwerk der deutschen Sprache, die renommierte Brockhaus-Enzyklopädie und selbst das Online-Lexikon Wikipedia urteilen reichlich harsch über das Lügen: Die Lüge sei eine bewusst getätigte falsche Aussage, heißt es in sämtlichen Einträgen und sie sei stets auf Täuschung ausgelegt. Der gewichtige Brockhaus schreibt gar weiter, eine Lüge läge auch dann vor, wenn Tatsachen mit Absicht verschwiegen oder entstellt werden. Da ist sie wieder, die standardmäßige Pathologisierung des Lügners. Lügen ist, so scheint es, ein schweres Verbrechen nicht nur gegenüber dem Belogenen, sondern gleich der ganzen Gesellschaft gegenüber. Denn, so fährt der Brockhaus fort, lediglich die Wahrhaftigkeit sei eine der Grundlagen des menschlichen Zusammenlebens. Außerdem hätten Lügner laut dem Lexikon keine Selbstachtung, denn wer sich selbst achtet, sagt die Wahrheit. Die möglichen Gründe, die zu einer Lüge führen, sind gemäß den Einträgen allesamt einer nicht vorhandenen ethischen Einstellung und schlechten, betrügerischen Absicht entsprungen.

Angesichts dieser Äußerungen sollte man meinen, die Lexikonautoren wären allesamt Heilige und würden niemals lügen, was schlicht nicht möglich ist. Mir scheint eher, die aufgeführten Definitionen greifen ein wenig zu kurz. Die Lüge ist nicht pathologisch, sie ist auch nur selten bösartig. Stattdessen ist sie, wie der Autor Peter Stiegnitz in seinem Buch „Lügen – aber richtig! Die angewandte Theorie der Lüge“ darstellt, auch als eine Form der Liebe zu verstehen. Lügner lügen nicht nur aus Boshaftigkeit, Feigheit oder anderen verwerflichen Gründen, sondern weil sie sowohl sich selbst als auch andere nicht verletzen wollen. Die Lüge baut eine Scheinwirklichkeit oder Schwindelei auf, die es dem Lügner wie auch dem Belogenen erlaubt, das Gesicht zu wahren und sich außerdem weiterhin gut zu fühlen. Das ist, wie ich finde, eine sehr schöne Definition, auch wenn sie nicht unbedingt allumfassend ist. Das muss sie aber auch nicht, denn die Lüge ist ein weites Feld und längst nicht in jedem Fall eindeutig als eine solche zu erkennen.

In den meisten Lügen steckt immer ein mehr oder weniger großes Körnchen Wahrheit oder wir selbst sind von der Wahrhaftigkeit unserer Lügengeschichten bis in unser Innerstes überzeugt. Oder sind Sie stets und zu jeder Gelegenheit gnadenlos ehrlich nicht nur zu anderen, sondern auch zu sich selbst? Das können Sie gar nicht, denn dann würden Sie niemals glücklich werden. Die Kunst der richtigen Selbsttäuschung gehört zu einem erfüllten Leben einfach dazu, ansonsten wären wir allesamt ziemlich traurige und enttäuschte Gestalten.

Seit den Tagen des großen griechischen Philosophen Platon beschäftigt uns die Frage danach, was Wahrheit und Lüge ist. Längst ist uns bewusst geworden, dass die Suche nach einer Unterscheidung sinnlos ist. Wahrheit oder Lüge sind nicht eindeutig zu bestimmen. Eine kleine Randnotiz in diesem Zusammenhang: Wussten Sie, dass „Blau“ sowohl die Farbe der Lüge als auch die der Wahrheit ist – interessant, oder?!

Schauen Sie doch bei Gelegenheit mal in Radebeul vorbei. Hier hat der Künstler Reinhard Zabka das Lügenmuseum aufgebaut, eine Einrichtung, die ursprünglich als Reaktion auf die rigide Kunstpolitik der DDR entstanden ist. Sie werden feststellen, dass Lügen und Illusionen allgegenwärtig sind und doch zugleich die Heimat versteckter Wahrheiten.

3.2 Die Entwicklungsgeschichte des Lügens

Wir können nicht wissen, ob bereits die frühen Menschen in den Savannen Afrikas oder unsere Verwandten, die Neandertaler, in ihren Höhlen bewusst lügen konnten. Es gibt keinerlei Aufzeichnungen oder archäologische Beweise dafür oder dagegen. Da allerdings unsere nächsten tierischen Verwandten, die Schimpansen, ebenso wie andere Tiere das Lügen geschickt für ihren eigenen Vorteil einsetzen, gehe ich davon aus, dass das bewusste Täuschen schon unseren frühesten Vorfahren alles andere als fremd war.

In der griechischen Antike schließlich erkannte der große Philosoph Platon, dass nur kluge Menschen lügen können. Demzufolge bedeutet die Fähigkeit der bewussten Falschaussage, dass ein Kind einen gewaltigen intellektuellen Entwicklungsschritt vollzogen hat und nicht etwa, dass die Eltern in der Erziehung versagt hätten. Etwa im Alter zwischen zwei und vier Jahren beginnt jedes Kind zu lügen. Während Kleinkinder auf rührende Weise ihre Gedanken und Taten nicht geheim halten können, sind die meisten Fünfjährigen bereits in der Lage, ihre Eltern und andere Erwachsene bewusst zu täuschen. Ihr Gehirn hat nun einen großen Sprung getan, denn um lügen zu können, müssen Kinder sich zunächst einmal in andere Menschen hineinversetzen können. Dazu müssen Sie den Unterschied zwischen den Konstrukten „Lüge“ oder „Wahrheit“ begreifen. Kleine Kinder, selbst Säuglinge können täuschen. Doch da sie dies nicht bewusst tun und kein Verständnis für ihre Handlungen aufbringen können, handelt es sich nicht um eine Lüge. So sind Kinder im Alter von neun oder zehn Monaten durchaus in der Lage, einen Erwachsenen durch „falsches Weinen“ auf sich aufmerksam zu machen und so Zuwendung zu erzwingen. Ebenso sind Zweijährige in der Lage, eine Tat (etwa ein anderes Kind mit einer Schaufel gehauen zu haben) vehement abzustreiten. Doch weil das Baby sich nur nach Mama sehnt oder der Zweijährige sich so sehr wünscht, einen Spielkameraden nicht gehauen zu haben, sind diese Arten der Täuschung nicht mit einer echten, bewussten Lüge zu verwechseln. Nach Meinung vieler Psychologen und Neurowissenschaftler ist das Lügen ein grundlegender Bestandteil unserer sozialen Intelligenz und somit auch ein essenzieller Schritt in der kindlichen Entwicklung. Für Kinder ist die Lüge oft auch eine erste Chance, die bis dahin enge Symbiose zwischen sich selbst und den Eltern aufzulösen und sich als eigenständigen Menschen wahrzunehmen.

Wenn Ihnen also demnächst Ihr Sechsjähriger wieder wilde Lügenmärchen auftischt, oder Ihnen Ihre Teenagertochter nicht die Wahrheit über ihren nachmittäglichen Besuch bei der angeblichen Freundin sagt: Bleiben Sie ruhig und reagieren Sie nicht über. Sehen Sie die Lüge Ihres Kindes nicht als unverzeihlichen Vertrauensbruch, sondern als das was es ist: Das reine menschliche Bestreben nach Eigenständigkeit und Wohlgefühl.

Übrigens: Kinder erlernen das Lügen von den Eltern, denn unsere sozialen Umgangs- und Höflichkeitsformen sind für sie im Grunde nichts anderes als Lügen. Ihr

Kindergartenzwerg wird es durchaus logisch finden, dass er Ihnen nicht immer die Wahrheit sagen muss. Schließlich darf er auch Oma Elsa nicht mitteilen, dass er ihr Geburtstagsgeschenk scheußlich findet und sich deshalb eigentlich nicht dafür bedanken möchte.

3.3 Können Tiere lügen?

Die wahrscheinlich wichtigste Voraussetzung fürs Lügen ist die Selbstwahrnehmung. Sowohl Kinder als auch Tiere können nur dann lügen, wenn sie ein Bewusstsein ihrer selbst haben. Außerdem müssen sie in der Lage sein, sich in andere hineinzuversetzen. Ein bekannter psychologischer Versuchsaufbau verdeutlicht das Ganze sehr schön: Dabei befindet sich ein Kind mit einem erwachsenen Betreuer in einem Raum. Ein anderer Erwachsener betritt diesen Raum. Der Betreuer versteckt vor den Augen des anderen Erwachsenen sowie des Kindes einen Gegenstand in einer Schachtel. Der Erwachsene verlässt den Raum wieder, der Betreuer versteckt den Gegenstand nun in einer anderen Schachtel. Die Frage ist nun, in welcher Schachtel wird der wieder zur Tür herein kommende Erwachsene nach dem Gegenstand suchen? Kinder unter vier Jahren sind meist der Meinung, der Erwachsene würde in der neuen Schachtel nach dem Gegenstand schauen. Sie begreifen noch nicht, dass andere nicht dasselbe wissen können wie sie selbst. Die ab vierjährigen Kids dagegen verstehen, dass der ahnungslose Erwachsene wahrscheinlich in der ursprünglich ausgewählten Schachtel nach dem Gegenstand suchen wird. Sie sind in der Lage, den Standpunkt des Anderen einzunehmen.

Wie die psychologische Forschung gezeigt hat, sind nicht nur Kindergartenkinder dazu in der Lage, sondern auch viele Affenarten. Der beschriebene Versuch wurde an der US-amerikanischen Harvard University mit Tamarin-Äffchen durchgeführt, mit dem Ergebnis, dass die Affen die

Sichtweise eines vierjährigen Kindes einnehmen können. Auch von unseren nächsten Verwandten, dem Schimpansen, ist alltäglicher Lug und Trug bekannt. So ist etwa das Schimpansenkind „Paul“ in die Wissenschaftsgeschichte eingegangen, weil es gezielt seine Mutter anschwindelte, um an leckeres Futter zu kommen. Wenn nämlich „Paul“ beobachtet hat, dass ein anderer Schimpanse Knollen oder andere Leckereien besaß, schrie das Kind aus Leibeskräften nach seiner Mutter und tat so, als wäre es in Gefahr. Die Mutter stürzte sich natürlich auf den vermeintlichen Gefahrenherd, so dass „Paul“ sich genüsslich über das erbeutete Futter hermachen konnte.

Diese Fähigkeit des absichtlichen Lügens ist jedoch nicht nur von Affen bekannt, sondern auch von manchen Vögeln, Delfinen und Elefanten. Allen diesen Arten ist gemein, dass sie sich selbst im Spiegel erkennen können und so ein Selbstbewusstsein besitzen. Allerdings sollte die tierische Fähigkeit zum Lügen nicht mit der in der Tierwelt weit verbreiteten *Mimikry* (Tiere nehmen die Farbe ihrer Umgebung an) verwechselt werden. Ein Schmetterling in Tarnfarben lügt nicht, sondern wird dank einer evolutionären Entwicklung auf diese Weise effektiv vor Fraßfeinden geschützt.

Die Antwort auf die in der Überschrift gestellte Frage sollte also lauten: Jein. Die meisten Tiere sind nicht intelligent genug um lügen zu können. Die jedoch, die es sind, lügen oft und gern, genau wie wir Menschen.

3.4 Die Lüge in der Philosophie

Die Frage nach Wahrheit und Lüge wird in der Philosophie bereits seit Jahrtausenden diskutiert. Platon schreibt wie schon erwähnt, dass nur wer klug sei, auch lügen könne. Denn nur wer über ein gutes Gedächtnis, eine starke Vorstellungskraft sowie eine hohen Phantasie und Intelligenz verfüge, könne überzeugend lügen. Ganz im Gegensatz zu jemandem, der einfach nur wahrheitsgemäß erzählt, was er erlebt hat. Friedrich Nietzsche, der streitbare, große deutsche Philosoph des 19. Jahrhunderts, drückte diesen Sachverhalt ein wenig prägnanter aus: „Die Wahrheit zu sagen sei lediglich die Ohnmacht zu lügen". Man könnte dies auch weniger elegant ausdrücken und einfach behaupten, dass einfach zu dumm sei, wer nicht lügen könne.

Lügner also sind schlau, aber warum lügen sie überhaupt? Warum ist die Lüge, ganz im Gegensatz zu unserem ansonsten hehren moralischen Anspruch, so tief in uns verankert, dass wir gar nicht anders können als zu lügen? Nietzsche meinte, der Grund läge in unserem „Willen zum Schein". Es macht einfach Spaß und verschafft uns ein gutes Gefühl, sich durch Lügen eine eigene Wirklichkeit zu schaffen, die mit der rauen Wirklichkeit unserer Existenz nicht mehr viel gemein hat. Der moderne Philosoph Konrad Paul Liessmann schreibt in seinem Nietzsche-Aufsatz „Der Wille zum Schein. Über Wahrheit und Lüge", dass das Lügen notwendig sei für die menschliche Existenz. Er meint, wir könnten die Wirklichkeit nur ertragen, wenn wir uns über ihre wahre Natur täuschen. Dieser Ansicht ist auch die Philosophin Simone Dietz. Sie schreibt, dass ein menschliches Dasein ohne Lüge nicht möglich wäre. Außerdem sei nicht die Lüge moralisch verwerflich, sondern die Absicht dahinter. Immanuel Kant allerdings, der Vater der Philosophie, vertrat eine ganz andere, uns äußerst extrem anmutende Sichtweise: Die Lüge ist niemals erlaubt, nicht einmal dann, wenn eine Notlüge uns oder andere vor Schaden an Leib und Leben bewahren würde. Stattdessen gäbe es eine Pflicht zur Wahrhaftigkeit in allen Situationen. Sie können sich sicher ausmalen, welche Folgen für eine Gesellschaft ein solcher Grundsatz hätte. So klug Kant in vielerlei Hinsicht auch gewesen sein mag, hier erwies er sich als absolut weltfremd. Ebenso wie die großen christlichen Philosophen, die die Lüge ganz im Sinne der Bibel als große Sünde brandmarken und dabei vergessen, dass sie für ein friedliches Miteinander leben unverzichtbar ist.

3.5 Die Lüge aus der Sicht der Weltreligionen

Bereits in den 10 Geboten des Moses steht geschrieben: Du sollst nicht falsch Zeugnis reden wider deinen Nächsten. Das neunte Gebot (je nach Zählung auch das achte) ist bereits mehrere Tausend Jahre alt und stellt die Lüge als Sünde dar. Demzufolge genießt die Lüge weder im Judentum noch im Christentum einen sonderlich hohen Stellenwert. Kirchenvater Augustinus greift diesen Gedanken auf und lehnt jegliche Lüge als Sünde ab. Allerdings unterscheidet der spät bekehrte Christ leichtere und schwerere Lügen, so auch leichtere und schwerere Sünden. In die gleiche Kerbe schlägt Thomas von Aquin, ein großer christlicher Denker des Mittelalters. Auch für ihn ist die Lüge, egal aus welchem Grund, stets eine Sünde. Nun, der moralische Anspruch der Christen ist hoch, aber in diesem Fall nicht besonders menschlich.

Mittlerweile gibt es jedoch in der wissenschaftlichen Theologie die Ansicht, dass die Bibel das Lügen in bestimmten Situationen eben doch erlaubt. Der Rostocker Religionswissenschaftler Martin Rösel hat darüber ein schönes Büchlein geschrieben, in dem biblische Beispiele aufgeführt werden. Oder wie würden Sie das hinterhältige Erschleichen des Erstgeborenenrechts durch Jakob bezeichnen? In der Bibel bleibt diese Lüge ohne jede Konsequenz.

Übrigens ist der jüdisch-christliche Dekalog (Die 10 Gebote) keine Erfindung des israelitischen Gottes, sondern entstammt bereits dem altägyptischen Totenbuch. Die zehn

Regeln sind nicht nur im jüdisch-christlichen Kulturkreis, sondern auch im Islam sowie in den großen fernöstlichen Religionen wie dem Hinduismus und dem Buddhismus bekannt. Auch dort heißt es: Du sollst nicht lügen. Was jedoch eine Lüge ist und was nicht, wird in vielen asiatischen Kulturen ganz anders definiert als bei uns. Die Lüge aus Höflichkeit gilt etwa im asiatischen Raum nicht als Lüge, sondern als soziale Notwendigkeit. Im Islam darf ebenfalls eigentlich nicht gelogen werden, allerdings gibt es einige wenige Zugeständnisse an die Gläubigen. So dürfen etwa Ehepaare einander anlügen, wenn es der Ehe guttut. Auch wenn es darum geht, Streitende miteinander zu versöhnen, ist ein bisschen Lügen erlaubt.

Im Grunde lässt sich also zusammenfassen: In allen Religionen ist das Lügen nicht erlaubt, aber da auch Gläubige nur Menschen sind, wird das Verbot durch verschiedene Definitionen einfach umgangen.

3.6 Große Lügner der Weltgeschichte

Die Lügengeschichten des Baron Münchhausen gehören zur deutschen Literaturgeschichte, soll doch der fiktive Lügenbaron der größte Lügner der Welt gewesen sein. Genau genommen müssen wir aber gar nicht auf dessen fantastische Geschichten zurückgreifen, denn die jüngere wie ältere Weltgeschichte ist voll von überführten Lügnern und deren Geschichten. Die Lügen der Geschichte fangen schon in der Geschichte selbst an, denn Geschichtswissenschaft ist in erster Linie immer Geschichtsschreibung. Niemand kann wissen, wie es früher wirklich war. Sie glauben doch bestimmt auch, dass das Mittelalter eine finstere Epoche war, in der ständig Hexen verbrannt wurden und die Menschen der Ansicht waren, die Erde sei eine Scheibe?

Nun, die Lüge fängt schon bei dem Begriff „Mittelalter“ an, denn im Grunde gab es eine Epoche dieses Namens gar nicht. Das „Mittelalter“ umfasst rund 1.000 Jahre zwischen dem Ende der Antike und dem Beginn der Renaissance. In dieser Zeit glaubten tatsächlich nur wenige Menschen daran, dass die Erde eine Scheibe sei. Im Gegenteil, die meisten Scholastiker (wie die Wissenschaftler jener Zeit genannt wurden) waren durchaus der Ansicht, die Erde sei eine Kugel. Galileo Galilei und Nikolaus Kopernikus gerieten nicht deshalb mit der alles beherrschenden Geistlichkeit aneinander, weil sie auf der Kugelgestalt der Erde beharrten, sondern weil sie postulierten, dass unser Planet eben nicht der Mittelpunkt des Universums sei. Ein Skandal!

Sehr viel früher, im Jahre 313 nach Christi Geburt, soll der römische Kaiser Konstantin dem damaligen Bischof von Rom die gesamte Westhälfte seines riesigen Imperiums überreicht und ihn zum Oberhaupt aller Christen gemacht haben. So behauptet es jedenfalls eine Urkunde, die unter dem Namen „Konstantinische Schenkung" in die Weltgeschichte eingegangen ist. Nun, diese Urkunde war eine dreiste Fälschung, die mehr als 1.000 Jahre lang Bestand haben und das katholische Papsttum erst begründen sollte. Der dreiste Betrug wurde erst im 19. Jahrhundert seitens der katholischen Kirche zugegeben.

Ebenfalls dreist war die Behauptung, die der damalige Staatschef der DDR, Walter Ulbricht, im Jahre 1961 auf einer Pressekonferenz tätigte: „Niemand hat die Absicht, eine Mauer zu bauen". Nun, was soll ich sagen: Keine zwei Monate später stand über Nacht plötzlich die Mauer da, die Ost- von Westdeutschland bis 1989 voneinander trennen sollte.

Eine der gefährlichsten Lügen der Geschichte ist wahrscheinlich die so genannte „Dolchstoßlegende", mit deren Hilfe die Weimarer Republik zerstört wurde und Hitler an die Macht gelangen konnte. Sie ist ein typisches Beispiel davon, wie sich Schuldige geschickt aus der Verantwortung ziehen und Unschuldigen die Schuld für ihre Taten in die Schuhe schieben können.

In diese Kategorie einzureihen sind auch Lügen wie die berühmten „Protokolle der Weisen von Zion". Dies sind antisemitische Schriften, die von übel wollenden Menschen heute noch als Beweis einer angeblichen jüdischen Weltverschwörung angesehen werden.

Kennen Sie eigentlich den Film „Schtonk!“ mit Uwe Ochsenknecht und Götz George in den Hauptrollen? Dieser herrlich witzige Streifen behandelt eine der größten Lügen der deutschen Nachkriegsgeschichte: Die Veröffentlichung der angeblichen Hitler-Tagebücher im Nachrichtenmagazin „Der Stern“, ein Skandal sowie eine Peinlichkeit erster Güte.

An diesen wenigen Beispielen können Sie sehen, dass die Menschheitsgeschichte voll von Lügen ist. Wie sollte es auch anders sein? Denn schließlich ist Lügen vor allem eins: Zutiefst menschlich.

3.7 Die Lüge aus psychologischer Sicht

Angesichts all dieser Lügen in der Weltgeschichte könnte man annehmen, Lügen sei stets etwas moralisch Verwerfliches. Tatsächlich versteht unsere christlich geprägte Kultur die Lüge als antisoziale, ja nahezu teuflische Handlung. Im Gegensatz dazu konnte jedoch die psychologische Forschung der letzten Jahre feststellen, dass das Lügen nicht nur weit verbreitet, sondern im Grunde auch sozial akzeptiert ist. Ohne die kleineren und größeren Flunkereien würden Menschen sich ziemlich schnell an die Gurgel gehen, da Gesellschaften ohne den „Willen zum Schein" schlicht nicht überlebensfähig wären. Thomas Hobbes, ein berühmter englischer Staatstheoretiker des 16. Jahrhunderts, formulierte das so: Homo homini lupus – Der Mensch ist dem Menschen ein Wolf. Ohne einen vereinenden gesellschaftlichen Konsens gäbe es keine menschliche Gesellschaft. Zu unserem Konsens gehört auch die Akzeptanz der *prosozialen* Lüge, wie sie von Lügenforschern wie Robert Feldman oder Klaus Fiedler genannt werden. Der Sozialpsychologe Feldman, Professor am renommierten Amherst-College der University of Massachusetts, bezeichnete in einem Interview mit der Wochenzeitung „Die Zeit" die Lüge gar als „Schmierstoff der Kommunikation". Das Lügen sei eine geschickte soziale Taktik, die uns und unseren Mitmenschen das Leben sowie die Kommunikation miteinander erleichtere und sich außerdem als so erfolgreich erwiesen habe, dass wir zumeist unbewusst lügen.

Dabei gilt es jedoch, die verschiedenen Formen des Lügens

voneinander zu unterscheiden und außerdem einen genaueren Blick hinter die jeweiligen Motive zu werfen. Forscher unterscheiden grob antisoziale und prosoziale Lügen voneinander. Die antisozialen Lügen sind dabei die, die bewusst zur Schädigung anderer getätigt werden und etwa dazu dienen, Macht zu erhalten. Viele der in Kapitel 3.6. vorgestellten Lügengeschichten fallen in diese Kategorie. Die in unserem alltäglichen Leben getätigten Lügen jedoch können in die Schublade „prosoziale Lüge" abgelegt werden, weil sie keinen Schaden anrichten, sondern lediglich für ein gutes Gefühl und angenehmes Miteinander sorgen wollen. Man könnte diese Formen der Lüge auch als „Höflichkeit" bezeichnen, was ein eigentlich hohes Gut unter unseren sozialen Umgangsformen ist. Oder antworten Sie stets wahrheitsgemäß auf die Frage: Wie geht's? Nein? Dann haben Sie schon gelogen!

Übrigens ist dieser Zwiespalt zwischen der sozialen Notwendigkeit prosozialer Lügen und unserem moralischen Anspruch ein typisches Kennzeichen unserer Kultur. In anderen Kulturen, insbesondere den asiatischen, ist das prosoziale Lügen nichts Verwerfliches. Asiaten finden nichts dabei, aus sozialen Gründen zu lügen und Ihnen aus Höflichkeit nicht die Wahrheit zu sagen, sondern einfach das, was Sie vermutlich hören wollen. Lügen aus Höflichkeit ist, wie gesagt, der Kitt der Gesellschaft und auch der Kitt, der Freundschaften bestehen lässt. Nicht umsonst sind gute Lügner oft auch noch sehr beliebt. Solche Menschen haben eben verstanden, welchen Wert prosoziale Lügen haben und machen sich diese Erkenntnis zu Nutze. Dass Lügen nämlich in der Regel keine kurzen Beine haben, sondern eine erfolgreiche soziale Strategie sind, lernen schon Kindergartenkinder. Man darf sich nur nicht erwischen lassen.

4. Wann sind Lügen und Notlügen erlaubt?

4.1 Lügen als Basis des sozialen Miteinanders

Der Sozialwissenschaftler David Nyberg, Philosophieprofessor an der State University of New York, wagt in seinem Buch „Lob der Halbwahrheit" eine radikale These. Er schreibt, dass ein bestimmtes Maß an Täuschung sowohl für die Stabilität einer Gesellschaft als auch für die geistige Gesundheit eines jeden Individuums unverzichtbar wäre. Ein lebenswertes, praktikables und gesundes Miteinander wäre ohne Täuschung gar nicht erst möglich, ja sogar ungesund und unmoralisch. Unmoralisch? Ungesund? Sie haben keinen Augenfehler, sondern richtig gelesen. Nybergs These ist deshalb so revolutionär, weil sie völlig gegen unsere sozialen Normen zu verstoßen scheint. Schließlich lernen wir bereits als kleine Kinder, dass die Wahrheit das höchste aller Güter sei und wir deshalb nicht lügen sollten. Doch wie wir schon in den vorangegangenen Kapiteln gesehen haben, funktioniert dieser hohe moralische Anspruch in seiner Absolutheit nicht. Finnische Wissenschaftler der Universität Aalto haben 2014 die überraschenden Ergebnisse einer Studie veröffentlicht, die die Auswirkung von Lügen auf das soziale Gefüge untersucht hat. Sie werden jedoch wahrscheinlich eher wenig erstaunt sein, wenn ich Ihnen mitteile, dass auch gemäß dieser finnischen Studie prosoziale Lügen zur Festigung und Stabilisierung sozialer Strukturen und Beziehungen beitragen. Nicht alle Lügen sind also destruktiv und damit schlecht: Sie helfen sogar dabei, gesellschaftliche Strukturen überhaupt erst aufzubauen und zu stärken. Lügen sind also der Kitt, der eine Gesellschaft nicht nur zusammenhält, sondern sogar ihr reibungsloses Funktionieren garantiert. Wie die finnische Studie zeigen konnte, fallen Beziehungen, in denen jedoch antisoziale Lügen die Oberhand gewinnen, schnell auseinander. Die egoistischen Lügner finden sich auf einmal völlig isoliert wieder. Überlegen Sie sich also genau, weshalb Sie die Unwahrheit sagen. Eine gute Lüge ist nicht nur eine überzeugende, sondern vor allem auch eine, die Ihrem Gegenüber keinen Schaden zufügt. Im besten Fall sorgt eine Lüge einfach dafür, dass wir alle netter miteinander umgehen. Oder, um noch einmal David Nyberg zu zitieren, das Wohlergehen und die Würde des Menschen ist höher einzustufen als die Wahrheit.

4.2 Lügen in Freundschaften

Aristoteles, einer der großen griechischen Philosophen der Antike, zeichnete in seiner „Nikomachischen Ethik“ ein beeindruckendes Bild der Freundschaft. Freunde seien das Wichtigste und Schönste im Leben eines jeden Menschen, denn wahre Freundschaft ist reine Liebe. Freunde sind stets gerecht zueinander, einträchtig und lieben ihr Gegenüber um seiner selbst willen. Wahre Freundschaft ist eine tugendhafte Freundschaft, in der man stets einander nur das Gute wünscht. Das klingt nach einem anstrengenden Ideal, nicht wahr? Nicht nur, dass eine solche Freundschaft sehr viel Arbeit bedeutet, sie ist in ihrem Anspruch geradezu unerfüllbar. Wünschen Sie Ihrer besten Freundin tatsächlich immer nur das Beste? Oder fühlen Sie nicht auch manchmal ein wenig Neid, etwa weil sie in einem schöneren und größeren Haus wohnt als Sie oder anscheinend deutlich weniger Stress mit ihren Kindern hat als Sie selbst? Solche Gefühle müssen Ihnen nicht peinlich sein, denn sie sind normal. Allerdings dürfte es Ihrer Freundschaft nicht unbedingt gut tun, würden Sie Ihrer Freundin derartige Gefühle ständig mitteilen. Ebenso, wie Sie ihr wahrscheinlich eher nicht die reine Wahrheit über ihren entzückenden kleinen Sohn (ein verzogener Bengel), ihren langjährigen Lebensgefährten (ein besserwisserischer Schwätzer) oder ihre beruflichen Ziele (die erreicht sie niemals) verraten würden. Stattdessen würden Sie Ihre Freundin eher motivieren, Ihre Ziele im Job zu erreichen, würden auch die positiven Seiten des Partners sehen, weil Ihre Freundin mit diesem Mann glücklich ist und auch nett zu ihrem frechen Bengel sein.

Diese Arten der Lüge zeugen von Ihrer sozialen Intelligenz, denn Sie wissen: Vertrauen entwickelt sich vor allem aus dem unbedingten Gefühl heraus, akzeptiert zu werden. Wir fühlen uns vor allem den Menschen nah, von denen wir wissen, dass sie es gut mit uns meinen und von denen wir wissen, dass sie uns ein glückliches Leben gönnen. Doch der Umgang mit der Lüge will gut überlegt sein, denn schlechte Lügen können Freundschaften irreversibel zerstören. Gewisse Wahrheiten müssen Freundschaften aushalten können, ja sind in solch engen Beziehungen sogar erwünscht. Wer, wenn nicht die beste Freundin, kann uns schließlich ungestraft sagen, dass wir in dem neuen Kleid aussehen wie eine Presswurst? Wer, wenn nicht sie, macht uns auf unser Fehlverhalten in bestimmten Situationen aufmerksam? Die Kunst besteht darin, zu erkennen, wann eine Lüge oder - um mit Nyberg zu sprechen - eine Halbwahrheit angebracht ist und wann wir die Wahrheit sagen sollten. Also, lügen Sie nicht, um sich selbst das Leben leichter zu machen oder um Konflikten mit Ihrer Freundin aus dem Weg zu gehen. Lügen Sie, um sie zu trösten, um sie zu motivieren und ihr Selbstwertgefühl zu stärken. Kurz, lügen Sie aus den besagten wichtigen, prosozialen Gründen und nicht einfach nur deshalb, weil Sie beispielsweise keine Lust haben, auf den verzogenen kleinen Sohn aufzupassen. Die richtige Balance zu finden, ist schwer. Es verhält sich dabei wie mit dem Salz in der Suppe: Eine Prise gibt dem Gericht die richtige Würze, doch zu viel davon lässt das Gericht ungenießbar werden.

4.3 Lügen in der Partnerschaft

Eine gelingende Partnerschaft zu führen, ist in unserer modernen Welt ein schwieriges Unterfangen. Wir stellen viele hohe Ansprüche an unsere Liebsten: Sie sollen unsere besten Freunde sein, unsere heißblütigen Geliebten, Sexualpartner, die uns jeden Wunsch von den Lippen ablesen, und, und, und... Zugleich sollen sie treusorgende Väter oder Mütter unserer Kinder, liebenswert zu unseren Freunden und Verwandten und vieles mehr sein. Sie sehen, die Liste der Ansprüche ist nicht nur lang, sondern im Grunde genommen widersprüchlich und daher unerfüllbar. Niemand kann für jemand anderen alles sein, denn jeder Mensch ist zunächst einmal ein Individuum. Sich jedoch dessen bewusst zu werden, ist gar nicht so leicht, zumal wir mit unserem Erwartungskatalog weitere unmögliche Dinge von unseren Liebespartnern erhoffen: Sie sollen in tiefer Liebe mit uns verbunden sein, stets ihre intimsten Gedanken mit uns teilen und absolut ehrlich mit uns sein. Wir sollen einander absolut vertrauen und zugleich auf den anderen bauen können. Was für ein Anspruch! Ich denke nicht, dass dieses allzu hehre Ideal überhaupt in irgendeiner Beziehung erfüllt werden kann. Eine Beziehung wird immer noch von zwei Menschen eingegangen, die fehlbar sind. Jeder Mensch hat seine Ecken, Kanten und Eigenarten, ebenso wie seine großen und kleinen Geheimnisse. Das gilt besonders für zwei in einer Partnerschaft miteinander verbundene Individuen. Zwar hält unser romantisches Ideal die Symbiose für die perfekte Beziehungsform, doch ist diese Vorstellung nicht nur reichlich überkitscht, sondern schlicht ungesund. Niemand muss sich selbst aufgeben, um eine glückliche Partnerschaft führen zu können. Ebenso wenig wie wir erwarten können, in einer Partnerschaft allzeit absolut ehrlich zu sein. Was, meinen Sie, passiert wohl, wenn Sie Ihrem Partner stets und ohne Ausnahme die Wahrheit sagen? Das wird keinesfalls das Vertrauen verstärken, wie die romantische Idee uns weismachen will, sondern ganz im Gegenteil unsere Beziehung zerstören.

Was schließlich im Großen für die gesamte Gesellschaft gilt, lässt sich auch auf die kleinen Beziehungsebenen innerhalb dieser übertragen: Positive Lügen in mäßigen Dosen sind gut, negative Lügen sind destruktiv. Auch in einer Partnerschaft gilt es abzuwägen. Lüge ich meinen Partner an, um mich selbst zu entlasten und nehme dabei in Kauf, meinem Liebsten eventuell zu enttäuschen oder gar zu schaden? Oder lüge ich, um den Anderen zu schützen, zu bestärken und damit der Beziehung etwas Gutes zu tun? Machen Sie sich immer bewusst: Es gibt in einer Partnerschaft keine Pflicht zur Wahrhaftigkeit, keine Pflicht zum Gestehen, aber aufgrund der besonderen Funktionalität einer romantischen Beziehung kommt innerhalb dieser der Wahrheit eine besonders hohe Wertung zu. Niemals zu lügen ist nicht möglich, weil es einfach nicht der menschlichen Natur entspricht. Notorische Lügner jedoch werden keine glücklichen langfristigen Beziehungen erleben, da die grundlegende Basis dafür untergraben wird.

4.4 Ist eine Lüge zum eigenen Vorteil erlaubt?

Diese Frage ist, wie so vieles zum Thema Lügen, nicht ganz einfach zu beantworten. Denn zunächst einmal bedarf es einer Definition des Begriffs „eigener Vorteil". Im ersten Moment schwingt eine sehr negative Bedeutung darin mit. Der „eigene Vorteil" kann gedeutet werden als zutiefst egoistisches Motiv, bei dem der Lügner unter Umständen auch in Kauf nimmt, dass er dem Anderen durch seine absichtliche Lüge schadet. Sie wissen bereits, solche offensichtlich antisozialen Lügen sind zu vermeiden, denn sie schaden nicht nur dem Belogenen, sondern auch der ganzen Gesellschaft und fallen schließlich auf den Lügner zurück. Welche gesellschaftlichen Folgen antisoziale Lügen haben können, konnten wir vor einigen Jahren während der Finanzkrise erleben. An den Folgen des Crashs knabbern wir noch heute.

Doch der Begriff des „eigenen Vorteils" lässt sich auch anders deuten: Dahinter können nämlich auch ganz einfach existenzielle Dinge wie beispielsweise das eigene Leben sowie die eigene Gesundheit stecken. Wenn es darum geht, mein Leben und meine körperliche Unversehrtheit zu retten, ist eine Lüge immer erlaubt, auch wenn idealistische Denker wie Immanuel Kant dies anders gesehen haben. Kant beispielsweise vertrat die Meinung, man solle selbst einem Räuber, der nach dem Geldversteck frage, nicht anlügen, sondern diesem die Wahrheit sagen. Sie sehen selbst, dass der werte Herr Philosoph seine Königsberger Studierstube häufiger fürs wahre Leben hätte verlassen sollen. Derartige Ansichten sind schlicht mehr als nur weltfremd. Ich jedenfalls riskiere nicht mein Leben für ein bloßes Ideal und Sie tun dies gewiss auch nicht.

Ebenso ist eine Lüge zum eigenen Vorteil erlaubt, wenn Sie etwa in einem Vorstellungsgespräch nach einer eventuellen Schwangerschaft gefragt werden oder nach Ihren Absichten bezüglich einer Familiengründung. Sie können natürlich die Wahrheit sagen, dass Sie mit dem Kinderkriegen starten wollen, sobald die Probezeit überstanden ist. Oder aber sie sagen lediglich die Halbwahrheit, dass ein Kind noch nicht geplant ist. Diese Lüge ist Ihnen sogar durch den Gesetzgeber erlaubt.

Wir fassen also zusammen: Ob eine Lüge um des eigenen Vorteils willen erlaubt ist oder nicht, hängt von dem konkreten Vorteil sowie von dessen Folgen ab. Wiegen die durch eine Unwahrheit provozierten Folgen schwerer als ihr persönlicher Vorteil, dann sollten Sie die Lüge lieber unterlassen. Ist dagegen ihr eigener Vorteil als gewichtiger zu werten, dann dürfen Sie getrost lügen. Auch hier finden Sie also wieder die Ihnen bereits bekannte Unterteilung in prosoziale und antisoziale Lügen wieder, wobei eine Einteilung nicht in jedem Fall immer eindeutig gemacht werden kann.

4.5 Was spricht gegen das Lügen?

Das ist ja alles gut und schön mögen Sie sich nun denken. Ein bisschen lügen aus den richtigen Gründen ist also ganz normal und auch überhaupt nicht schlimm. Allerdings, jetzt wird es so richtig kompliziert, können auch grundsätzlich „gute“ Lügen schlimme Folgen haben. Stellen Sie sich doch einmal folgendes Szenario vor: Sie als Ehefrau haben sich ein neues Kleid gekauft, weil Sie zu einer wichtigen Firmenfeier eingeladen sind und sich dort gut präsentieren wollen. Schließlich kommen die obersten Firmenbosse und sehr wahrscheinlich werden Sie diese auch kennenlernen. Das Kleid gefällt Ihnen gut, Sie sind sich aber unsicher, ob es für eine Firmenveranstaltung nicht etwas zu gewagt ist. Was machen Sie? Natürlich, Sie fragen Ihren Ehemann. Der kennt sich aus und müsste Ihnen doch eigentlich die Wahrheit sagen. Ihr Ehemann sagt Ihnen, Sie sähen wunderbar aus und könnten das Kleid natürlich tragen. Sie wähnen sich auf der sicheren Seite und gehen zur Feier. Allerdings sind die Chefs dort von Ihrem Aufzug so gar nicht angetan, denn er erscheint ihnen ordinär. Der Ausschnitt ist zu tief und das Kleid zu eng. Die Folge: Sie werden nicht Ihrer fachlichen Kompetenz entsprechend behandelt und bei der nächsten Beförderung übergangen. Zu Hause finden Sie schließlich heraus, dass auch Ihr lieber Mann das Kleid reichlich unpassend fand. Er aber aus Gewohnheit und weil er dachte, Sie wollten das hören, Ihnen etwas vorgelogen hat. So hatte also eine zunächst prosoziale Lüge, schließlich hat Ihr Mann gelogen, weil er Ihre Freude über das schöne Kleid nicht zerstören wollte, für Sie handfeste negative Folgen. Mal ganz davon abgesehen, dass Sie nun ganz schön sauer auf Ihren Mann sind und sich fragen, was er Ihnen wohl noch so alles verheimlicht.

Auch, wenn wir verstandesmäßig wissen, dass unsere Beziehungen und unsere Gesellschaft ohne die großen und kleinen Lügen gar nicht funktionieren würden, schockiert uns die Enthüllung einer Lüge immer wieder aufs Neue. Dies gilt insbesondere dann, wenn wir merken, dass wir von den Menschen angelogen werden, die uns am nächsten stehen. Lügen, egal aus welchen Gründen, haben immer einen mehr oder weniger gravierenden Verlust an Vertrauen zur Folge. Und wenn Sie tatsächlich einmal zu oft gelogen haben und dabei erwischt werden, kann diese Lüge eine Beziehung zerstören.

Wir Menschen sind reichlich ambivalente Wesen: Weder können wir ohne die Lüge, noch mit der Lüge leben. Es gilt also, einen Kompromiss zu finden wie der amerikanische Sozialwissenschaftler Dan Ariely, der die ziemlich schlaue These vertritt, dass die halbe Wahrheit die beste Lüge sei.

5. Wie Sie richtig lügen und Lügner entlarven

5.1 Verrät unsere Körpersprache uns?

Stottern, Schwitzen, die Vermeidung von Blickkontakt oder ein starrer Blick, in Richtung der Tür zeigende Füße und viele andere Anzeichen mehr sollen einen Lügner entlarven. Im Internet finden sich regelrechte Kataloge an körpersprachlichen Signalen, die einen Lügner zweifelsfrei überführen sollen. Sie müssten nur auf die Körpersprache Ihres Gegenübers achten und nach bestimmten Anzeichen suchen. So finden sich etwa Hinweise darauf, dass Lügner einem nicht in die Augen schauen könnten, laut einer anderen Studie jedoch suchen angeblich besonders Lügner intensiv den Blickkontakt. Ebenso sei die Neigung dazu, die Beine und Arme zu verschränken, entweder ein Zeichen für Desinteresse oder für einen sehr selbstsicheren Lügner. Andere selbsternannte menschliche Lügendetektoren meinen einen Lügner an der Blickrichtung seiner Augen zu erkennen. Blickt der Gesprächspartner nach links (wahlweise auch nach rechts), dann lügt er. Schaut er dagegen in die andere Richtung, so spricht er gerade die Wahrheit. Auch das Befeuchten der Lippen, ein häufiges Kratzen (besonders im Gesicht), eine Rötung der Gesichtshaut oder bei Frauen das Spielen mit der Halskette würde zweifelsfrei auf eine Lüge hinweisen. Ich kann Ihnen jedoch versichern: Nichts davon lässt Sie mit glasklarer Überzeugung eine Lügen aufdecken. Ganz im Gegenteil: Wir Menschen sind erstaunlich schlecht darin, eine Unwahrheit zu erkennen. Statistisch gesehen können wir nicht einmal die Hälfte aller uns erzählten Lügen aufdecken. Sogar beruflich mit der Aufdeckung von Lügen beschäftigte Menschen wie beispielsweise Polizisten oder Lehrer liegen mit ihrer Einschätzung ziemlich oft daneben. Im Grunde könnten wir auch einfach würfeln und unsere Entscheidung, ob es sich um eine Lüge handelt, von diesem Ergebnis abhängig machen.

Woran liegt das? Einerseits ist klar, dass unsere Körpersprache uns prinzipiell verraten könnte, denn diese haben wir längst nicht so gut im Griff wie Worte. In der Tat häufen sich bestimmte Gestiken und Mimiken, wenn wir lügen. Und jetzt kommt das große Aber: Jede Geste und jede Mimik, die scheinbar auf eine Lüge hinweist, kann ganz andere Ursachen haben. So tauchen etwa dieselben körperlichen Signale, die mit dem Lügen in Verbindung gebracht werden auf, sobald ein Mensch in psychischen Stress gerät. Dieser Stress wird jedoch nicht nur durch das Erzählen einer Lüge ausgelöst, sondern beispielsweise allein durch eine stressige Situation. Zum Beispiel, wenn sich jemand plötzlich und unvermittelt im Fokus einer überaus neugierigen und inquisitorisch fragenden Person befindet. Außerdem sind die tatsächlich verräterischen Signale wie beispielsweise unpassende Gefühlsausdrücke lediglich für den Bruchteil einer Sekunde vorhanden und damit in der Regel nicht für das menschliche Auge sichtbar. Diese Art der verräterischen Mimik lässt sich erst durch Videoaufnahmen nachweisen, die schließlich extrem verlangsamt abgespielt werden.

Lassen Sie sich nicht durch irgendwelche Behauptungen, Lügen würden durch unsere Körpersprache eindeutig entlarvt, verunsichern. Wer versucht, einem Lügner auf diese Weise auf die Schliche zu kommen, kann auch nur raten und drastisch danebenliegen. Glauben Sie das nicht? Dann schauen Sie sich doch einmal in die 2012 veröffentlichte Studie der britischen Neurowissenschaftler Caroline Watt (University of Edinburgh) und Richard Wiseman (University of Herfordshire) hinein. Die beiden Wissenschaftler haben herausgefunden, dass die Blickrichtung der Augen gar nichts darüber aussagt, ob ein Mensch lügt oder nicht. Höchstens lassen sich Aussagen darüber treffen, ob der angebliche Lügner gerade ein interessantes Muster an der links von ihm befindlichen Wand entdeckt hat, mehr aber auch nicht.

Das gleiche gilt übrigens für ebenso häufig zu findende sprachliche Merkmale, durch die sich eine Lüge aufdecken lassen soll. Die höhere Tonlage, das ungewohnte sprachliche Muster, das Stottern, Zögern, Wiederholen von Fragen oder das detaillierte Beschreiben von Sachverhalten sollen allesamt darauf hinweisen, dass jemand die Unwahrheit spricht. Richtig ist jedoch nur: Ob Ihr Gegenüber tatsächlich lügt, können Sie an der veränderten Stimmlage, sowie den häufigen Ähems, Öhms und Wiebittes nicht feststellen. Stattdessen kann derjenige auch einfach nur erkältet sein und tatsächlich schlecht hören.

5.2 Für eine gute Lüge braucht man Grips

Auch wenn es sehr schwer, ja geradezu unmöglich ist, einen Lügner zu überführen, eines ist ganz sicher: Gute Lügner sind intelligent und zwar sowohl kognitiv als auch sozial intelligent. Wer überzeugend lügen will, braucht nicht nur eine plausible Geschichte, sondern muss zugleich die Wahrheit dieser anpassen. Dafür ist eine große Portion an Phantasie und imaginärem Vorstellungsvermögen notwendig. Außerdem muss ein guter Lügner in der Lage sein, sich in sein Gegenüber hineinzuversetzen. Er braucht also ein gehöriges Maß an Empathie, an Einfühlungsvermögen.

Der britische Psychologe und Anthropologe Robin Dunbar, seines Zeichens Leiter des Institute of Cognitive and Evolutionary Anthropology der University of Oxford, vertrat bereits 1998 die These, dass unsere hohe Fähigkeit zum Lügen für uns sogar einen evolutionären Vorteil bedeutet. Menschen lebten seit jeher in großen Gruppen und dort schienen die Intelligenteren gegenüber den weniger Intelligenten einen großen Überlebensvorteil zu besitzen. Dabei hat sich bereits bei unseren Vorfahren herauskristallisiert, dass das Lügen eine ziemlich kluge Überlebensstrategie ist. Einerseits lassen sich durch Lügen unnötige Konflikte vermeiden und damit Stress und Konkurrenz reduzieren, aber andererseits auch Vorteile für den Lügner herausschlagen. Denken Sie doch nur einmal an das überaus gewitzte Affenkind „Paul“ aus Kapitel 3.3., so wie in einer Schimpansenfamilie dürften wir uns sicherlich das Leben unserer vormenschlichen Vorfahren vorstellen.

Dass Schlauheit siegt, lässt sich auch heute noch an beliebigen Beispielen nachweisen. Oder warum meinen Sie, dass Ihr allseits beliebter Kollege bei jeder Beförderung mit bedacht wird? Und das, obwohl Sie ihn schon häufiger bei Unwahrheiten erwischt haben? Erst neulich hat er seinem und Ihrem Chef so ganz beiläufig gerade wieder von seinen überaus wichtigen Beiträgen zum Gelingen des letzten Projekts berichtet. Dabei haben Sie den Löwenanteil der Arbeit erledigt und Ihr netter Kollege hatte sich ziemlich häufig für nicht erledigte Aufgaben mit phantasievollen Begründungen entschuldigt. Merken Sie etwas? Um erfolgreich zu sein, reicht purer Fleiß einfach nicht aus. Ihr charmanter Kollege hat das verstanden und schmiert nun sowohl den Kollegen wie auch dem Chef ordentlich Honig um den Mund. Hören Sie lieber auf, sich darüber zu ärgern. Schauen Sie sich lieber etwas von dieser überaus erfolgreichen Strategie ab, schließlich hat sie schon dazu geführt, dass wir die wahrscheinlich intelligenteste Spezies auf dem Planeten Erde sind. Aber übertreiben Sie es nicht, es sei denn, Sie wollten als Reinkarnation des Baron von Münchhausen in die Firmengeschichte eingehen.

5.3 Überzeugend lügen

5.3.1 Das geistige Grundgerüst

Um Vorteile aus der Unwahrheit zu erzielen, muss diese zunächst einmal eines sein: überzeugend. Überzeugende Lügen sind nicht gänzlich erlogen, sondern bleiben möglichst nahe bei der tatsächlichen Wahrheit (wir erinnern uns: Die halbe Wahrheit ist die beste Wahrheit). Dann nämlich ist es leichter, sich richtig an die Lüge zu erinnern, einfach, weil Sie sich nicht so viele Details merken müssen. Des Weiteren sind überzeugende Lügner oft sozial überaus erfolgreich. Kein Wunder, denn wer charmant und aufmerksam ist, sowie stets zur rechten Zeit die passenden Worte findet, lügt nicht nur, sondern verschafft seinen Mitmenschen zudem ein gutes Gefühl des „Aufgehoben-Seins“. Menschen sind recht einfach zu manipulieren. Sie wollen in ihrem Selbstwertgefühl bestätigt werden und hören, dass sie mit ihrer Meinung richtig liegen. Überzeugende Lügner erkennen dies, sie sind in der Lage, sich in ihr Gegenüber emphatisch einzufühlen und sagen ihren Mitmenschen einfach das, was sie hören wollen. Dabei übertreiben gute Lügner nicht, denn Speichellecker mag, von Diktatoren einmal abgesehen, kaum jemand leiden. Ein überzeugender Lügner findet also die richtige Balance zwischen Zustimmung und Widerspruch, außerdem macht er sich dabei den Umstand zu Nutze, dass wir sympathischen Menschen eher bereit sind zu glauben als Menschen, die wir nicht mögen. Das ist zwar nicht besonders rational, aber typisch menschlich. Der gute Lügner sorgt also dafür, dass er sympathisch erscheint. Dies erreicht er nicht nur durch Komplimente und durch aufmerksames Zuhören, sondern auch durch das Schaffen von Gemeinsamkeiten. Schließlich mögen wir andere Menschen dann am liebsten, wenn sie uns ähnlich sind und ähnliche Dinge mögen. Um all das zu schaffen, müssen überzeugende Lügner intelligent sein, phantasievoll, empathisch, außerdem ausgeruht, gut gelaunt und nicht unbedingt ein Misanthrop. Menschen, die geistig oder körperlich sehr erschöpft sind, lügen schlechter. Sie haben weder ihre Mimik, noch Gestik und schon gar nicht ihre Sprache im Griff.

Wussten Sie übrigens schon, dass die einzigen Menschen, die selten bis nie lügen, Autisten sind? Menschen mit einer autistischen Störung sind nicht in der Lage, sich in ihre Mitmenschen einzufühlen oder etwa die Komplexität eines sozialen Gefüges zu begreifen und für sich anzuwenden. Deshalb sind sie auch nicht in der Lage zu lügen: Einerseits fehlt ihnen das dafür notwendige Einfühlungsvermögen, andererseits verstehen sie oft auch den Sinn einer Lüge nicht. Denken Sie doch nur an Dr. Sheldon Cooper, die beliebte Figur aus der Erfolgsserie „The Big Bang Theory“, die aufgrund ihrer Unfähigkeit, die Grundlagen des sozialen Miteinanders zu verstehen, immer wieder für herzhafte Heiterkeitsausbrüche bei den Zuschauern sorgt.

5.3.2 Arbeiten Sie an Ihrer Körpersprache!

Nanu, werden Sie jetzt vielleicht fragen, warum soll ich an meiner Körpersprache arbeiten? Ich habe doch gerade gelesen, dass man an dieser eine Lüge sowieso nicht erkennen kann. Nun, das ist sicher richtig. Aber vergessen Sie auch nicht, dass sehr viele Menschen immer noch der Meinung sind, sie könnten eine Lüge an der Körpersprache erkennen. Die zahlreichen Listen im Internet sowie die tollen Ratgeberbücher (z. B. von Jack Nasher oder Joe Navarro) gibt es schließlich nicht grundlos. Vor allem aber können Sie sich mit einem auffälligen Verhalten verdächtig machen, selbst dann, wenn Sie gerade gar nicht lügen. Ein überzeugendes, kompetent wirkendes Auftreten kann man lernen. Üben Sie es! Jeder noch so kleine Fortschritt wird Sie nicht nur besser und glaubhafter lügen lassen, sondern außerdem noch zu einem angenehmen Gesprächspartner und guten Vortragsredner. Los geht es:

a) Stellen oder setzen Sie sich locker hin und nehmen Sie eine offene Haltung ein. Das bedeutet: Unterlassen Sie das Verschränken Ihrer Arme und Beine lieber. Das macht keinen guten Eindruck und wirkt zudem abwehrend auf Ihre Zuhörer.
b) Stellen Sie sich nicht in Richtung der Tür, da Sie sonst in Verdacht geraten könnte, flüchten zu wollen.
c) Schauen Sie Ihrem Gesprächspartner offen und freundlich in die Augen, starren Sie aber nicht. Wenn Ihnen der Augenkontakt schwer fällt, dann fixieren Sie einen imaginären Punkt auf der Stirn Ihres Gegenübers. Dieser hat dann den Eindruck, Sie würden ihm in die Augen schauen.
d) Spielen Sie nicht mit Ihren Händen herum, nesteln Sie nicht an Halsketten, Ohrringen oder Ringen oder machen einen anderweitig nervösen Eindruck. Nutzen

Sie die Hände lieber zum gemäßigten Gestikulieren, stecken Sie diese je nach Situation lässig in die Hosentaschen oder lassen Sie sie locker an der Seite herabhängen.

e) Stehen Sie gerade und heben Sie den Kopf hoch! Sie werden sehen, eine gerade Haltung wird Sie über sich selbst hinauswachsen lassen.
f) Sprechen Sie in einem gemäßigten, ruhigen Tonfall und wiederholen Sie nach Möglichkeit keine Fragen, schon gar nicht wörtlich. Dies wird meist als Indiz für eine Lüge genommen, schließlich wollten Sie Zeit gewinnen und sich eine passende Unwahrheit überlegen.
g) Keine Ähs, Öhs oder Wiebittes: Auch dies kann als Verzögerungstaktik aufgefasst werden, außerdem machen derlei Laute keinen besonders kompetenten Eindruck.
h) Sprechen Sie flüssig und vermeiden Sie Wiederholungen. Ganz wichtig, schmücken Sie Lügengeschichten nicht allzu detailreich aus. Das wirkt immer verdächtig.
i) Erzählen Sie eine Lüge nach Möglichkeit nicht chronologisch, sondern fangen Sie beim Kernpunkt an. Erst danach folgt die Vor- und Nachgeschichte. Der Kernpunkt kann eine besonders wichtige, aber auch eine besonders beeindruckende Information sein.

Fragen Sie sich nun, wie Sie all dies üben sollen? Ganz einfach: Bereiten Sie eine kurze Rede vor, stellen Sie sich vor einen Spiegel und tragen Sie Ihren Monolog vor sich selber vor. Versuchen Sie dabei, sich selbst zu überzeugen!

Wiederholen Sie diese Übung so oft wie Sie es für notwendig erachten und dann suchen Sie sich einen nichtsahnenden menschlichen Sparringspartner. Fangen Sie mit Small Talk an. Bedenken Sie, unterhaltsamer Small Talk ist schwer, viel schwerer als es scheint und ziehen Sie Ihren Gesprächspartner in Ihren Bann. Ahmen Sie dezent seine Körpersprache nach, drehen Sie Ihren Körper und damit Ihre Aufmerksamkeit in seine Richtung. Hören Sie aufmerksam zu und versuchen Sie, Gemeinsamkeiten zu finden, etwa durch vermeintlich gemeinsame Interessen. Gemäß zahlreichen Forschungsstudien lügen sich Menschen, die sich gerade erst kennenlernen, durchschnittlich zwei bis drei Mal pro zehn Minuten an. Dabei handelt es sich um prosoziale Lügen, durch die Gemeinsamkeiten gefunden werden und gegenseitige Sympathie gestiftet werden sollen. Dabei lügen wir nicht einmal bewusst, es passiert einfach, ob wir wollen oder nicht. Vergessen Sie nicht: Die Lüge ist und bleibt eine überaus erfolgreiche soziale Strategie. Versuchen Sie sich doch einmal vorzustellen, wie eine solche Kennenlernsituation verlaufen würde, wären wir stets ehrlich zueinander. Wir wären uns schnell einig, dass wir die Hobbys, Interessen und Meinungen des jeweils Anderen ziemlich dumm finden und würden ganz schnell wieder getrennte Wege gehen.

5.3.3 Bleiben Sie bei Ihrer Lüge!

Das Hauptproblem beim überzeugenden, erfolgreichen Lügen ist die Erinnerung. Sie werden sich gerade bei kleineren Lügen sicherlich nach spätestens zwei, drei

Monaten nicht mehr daran erinnern können, was Sie eigentlich genau erzählt haben und vor allem wem. Hier besteht die größte Gefahr aufzufliegen, da schon so mancher Lügner Wochen oder Monate später zu einem bestimmten Sachverhalt etwas ganz anderes erzählte, sich der Gesprächspartner ganz im Gegensatz zum ertappten Lügner aber noch sehr gut an die ursprüngliche Geschichte erinnern konnte. Auch aus diesem Grund sollten Sie erstens so wenig wie möglich lügen und zweitens beim Lügen möglichst nahe an der Wahrheit bleiben. Das Problem beim Lügen ist nämlich, dass Sie, um erfolgreich zu lügen, ebenso nachhaltig die Wahrheit unterdrücken müssen. Das geschieht in einem aktiven Prozess im Gehirn, welcher sich sogar per MRT-Scan nachweisen lässt. Die Wahrheit jedoch lässt sich leichter merken als die Lüge. Es sei denn, Sie machen sich die Lüge so sehr zu Eigen, dass Sie am Ende die Wahrheit von der Unwahrheit nicht mehr unterscheiden können. Bei den meisten Notlügen genügt es jedoch, lediglich die Wahrheit ein kleines bisschen umzuschreiben, dann sollte es auch mit der überzeugenden Lüge klappen. Falls Sie doch einmal in die Verlegenheit kommen, sich Monate später nicht mehr an Ihre Lüge erinnern zu können: Schweigen Sie nach Möglichkeit oder geben Sie vor, sich an nichts mehr zu erinnern oder es nicht mehr genau zu wissen. Schließlich sei das fragliche Ereignis ja schon so lange her und in der Zwischenzeit so viel passiert. Allerdings wird diese Taktik nicht immer funktionieren und unweigerlich könnten Sie das eine oder andere Mal tatsächlich ertappt werden. Schließlich, und das wussten bereits unsere Vorfahren, gebiert eine Lüge immer neue Lügen. Manchmal kommen wir aus der Lügerei überhaupt nicht mehr heraus, denn wir müssen immer neue Unwahrheiten erfinden um eine alte Lüge zu vertuschen. Dies können Sie nur vermeiden, indem Sie die Wahrheit sagen oder aber die Wahrheit entsprechend zurechtbiegen. Doch Vorsicht: Je höher das von Ihnen errichtete Lügengebäude wächst, desto mehr Kollateralschäden wird es geben, wenn es einstürzt.

5.4 Was tun, wenn Sie ertappt werden?

5.4.1 Wie reagiert mein Gegenüber?

Im Partygespräch wird Ihnen, wenn Sie beim Lügen ertappt werden, vielleicht auffallen, dass Ihr Gegenüber plötzlich weniger Interesse an Ihnen zeigt, sich vielleicht sogar abwendet. Viele Menschen werden Formulierungen verwenden wie beispielsweise „Nach meinen Informationen aber…“, „Ich habe das aber so und so gehört…“ etc. und Sie damit dazu zwingen, sich zu verteidigen. Nur ganz selten sagen derartige Partybekanntschaften Ihnen ganz offen ins Gesicht, dass Sie lügen. Dies geschieht meist nur durch Ihren Partner oder enge Freunde, wenn Sie von diesen beim Lügen erwischt werden. Die weitere Reaktion hängt einerseits von der Schwere der Lüge ab und andererseits vom Charakter Ihres Gegenübers. Wie die psychologische Forschung gezeigt hat, gibt es akzeptable, weniger akzeptable und überhaupt nicht akzeptable Lügen. Verzeihliche Lügen sind etwa bei den prosozialen Lügen zu suchen, denn Menschen akzeptieren eine Lüge eher, wenn diese ein für sie gutes Ziel verfolgt. So wird die frisch verliebte Frau es ihrem Herzensmann sicherlich nicht übel nehmen, wenn dieser zu ihr sagt: „Schatz, du bist rundherum absolut toll so wie du bist!“, obwohl er doch insgeheim ihren Hintern zu dick und ihre Stimme zu laut findet. Das aber wird er ihr mit Sicherheit nicht sagen, denn eine solche Äußerung belastet eine Beziehung und das ganz unnötig. Anders sieht es dagegen aus, wenn besagter Herzensmann einen Seitensprung beichtet, etwa, weil die Frau es durch Zufall herausgefunden hat. In einem solchen Fall wird der ertappte Lügner möglicherweise Wut und Tränen aushalten müssen. Die Bandbreite der möglichen Reaktionen ist äußerst groß: Von einem bloßen Zucken der Augenbraue bis hin zu einem ausgewachsenen Wutausbruch ist jede Antwort denkbar. Einzig sicher ist nur: Die Reaktion wird für Sie als ertappten Lügner sicherlich nicht angenehm sein.

5.4.2 Wie reagiere ich, wenn ich ertappt werde?

Auch hier hängt die Reaktion von der Art der Lüge, der Situation, Ihrem Temperament sowie Ihrer aktuellen Befindlichkeit ab. Viele Lügner begehen den Fehler, ihre aufgeflogene Lüge durch eine neuerliche Unwahrheit zu vertuschen. Schnell wird eine neue Lüge erzählt, die entweder von der alten ablenken oder diese in ein plausibles Licht rücken und so im Nachhinein doch noch verifizieren soll. Meistens jedoch geht diese Taktik gründlich daneben, denn die Vertuschungslüge ist, da schnell erfunden und in einer unpassenden Situation erzählt, in der Regel allzu offensichtlich. Sie wissen das, Ihr Gesprächspartner weiß es auch und daher wird das Ertapptsein gleich doppelt so peinlich sein. Auch Abwehrverhalten („Ich war es nicht!“) oder wütende Reaktionen („Macht doch was ihr wollt, wenn ihr mir nicht glaubt!“) erreichen ihr Ziel in einem großen Teil der Fälle nicht.

Wenn Sie bei einer Lüge ertappt werden, bleiben Sie am besten ruhig und schweigen Sie oder geben die Unwahrheit gleich zu. Auf diese Weise halten Sie den

Peinlichkeitsfaktor für alle Beteiligten möglichst gering und ersparen sich und anderen zudem weiteren Ärger. Außerdem zeugt es von einem souveränen, erwachsenen Charakter, wenn Sie in der Lage sind, Fehler unumwunden zuzugeben. Dabei müssen Sie, je nach Situation, nicht einmal offen gestehen, dass Sie gelogen haben. In vielen Fällen können Sie auch behaupten, dass Ihre Informationen wohl einfach falsch waren. Das geht natürlich nicht immer, etwa wenn Sie diejenige sind, die beim Fremdgehen erwischt worden sind. Aber in diesem Extremfall helfen Beschwichtigungsversuche und Erklärungen im ersten Moment nur wenig. Sie können nur die heftige Reaktion Ihres Partners ertragen. Versuchen Sie zu retten, was noch zu retten ist, wenn sich später die Wogen wieder geglättet haben und ein einigermaßen vernünftiges Gespräch möglich ist. Doch bei welcher Art von Lüge Sie auch immer erwischt werden: Begehen Sie keine voreiligen Fehler, stehen Sie zu Ihrer Lüge und machen Sie deutlich, dass Sie nicht aus mangelndem Respekt vor dem anderen gelogen haben.

5.4.3 Wie gehe ich mit schlechtem Gewissen um?

Wer lügt, schämt sich oft seiner Lüge oder ihn plagt das schlechte Gewissen. Zum Beispiel, weil gelogen wurde, um sich vor einer unangenehmen Aufgabe zu drücken oder den neu entfachten Kontakt zur Ex-Freundin zu verheimlichen. Viele Menschen schämen sich in Grund und Boden, wenn sie beim Lügen ertappt werden. In einer solchen Situation wünscht man sich, der Boden würde sich auftun und einen verschlucken und die ganze Situation wäre nie passiert. Wer sich schämt, ist oft auch wütend vor allem auf sich selbst. Es gibt verschiedene Strategien damit umzugehen. Wenn Sie sich beispielsweise schämen, weil Sie bei einer Lüge erwischt worden sind, dann können Sie in die Offensive gehen: Geben Sie Ihre Lüge zu und sagen Sie, dass Sie sich dafür schämen. Eine solche Äußerung nimmt sehr viel Druck von Ihnen und wird sie entlasten. Außerdem zeigt sie Ihrem Gegenüber, dass Sie eben doch kein skrupelloser, pathologischer Lügner sind, sondern ein Mensch mit Fehlern und Gefühlen. Fühlen Sie sich dagegen schlecht, weil eine Lüge Sie belastet, dann bleiben Ihnen zwei Optionen:

a) Sie beichten Ihre Lüge und erleichtern sich so Ihr Herz. Sie müssen dann aber auch mit den entsprechenden Konsequenzen leben oder
b) Sie behalten Ihre Unwahrheit für sich und akzeptieren Ihre Schamgefühle sowie Ihr schlechtes Gewissen als unweigerlichen Teil der Lüge.

Gegen Scham hilft auch, dass Sie einen Unterschied zwischen sich als Person sowie Ihrer schambehafteten Handlung machen. Ein Fehler macht noch keinen wertlosen Menschen aus Ihnen. Entscheidend ist am Ende nur, wie Sie weiterhin mit diesem Fehler umgehen. Die Wahrheit kann oft befreiend sein, auch wenn sie fürchterlich schmerzt.

5.4.4 Jemandem beim Lügen erwischen

Natürlich sind Sie nicht der einzige Mensch, der mehr oder weniger häufig flunkert. Auch Sie werden sicherlich von Zeit zu Zeit jemanden beim Lügen erwischen. Ihre Reaktion darauf hängt selbstverständlich von der Schwere der Lüge ab, aber machen Sie sich bewusst, dass auch Sie höchstwahrscheinlich in Sachen Wahrhaftigkeit kein Heiliger sind. Überführten Lügnern können Sie am besten auf die Schliche kommen, wenn Sie ruhig bleiben und demjenigen nicht direkt auf den Kopf zusagen, dass er lügt. Dann wird er sich nur in die Ecke gedrängt fühlen und die Lüge abstreiten. Außerdem könnten Sie sich auch geirrt haben und dann wird es für Sie auf einmal sehr peinlich. Stellen Sie stattdessen offene Fragen, denn wer mit „Ja" oder „Nein" antworten kann, wird leichter lügen können. Versuchen Sie, den Lügner mit eigenen Informationen (selbst wenn diese nur vorgetäuscht sind) aus der Reserve zu locken. So könnten Sie etwa behaupten, dass der Sachverhalt „nach Ihren Informationen" sich ganz anders verhält. Beobachten Sie den vermeintlichen Lügner und schauen Sie, wie dieser sich aus der Affäre zieht. Eine gute Taktik kann es auch sein, einfach zu schweigen und dabei abzuwarten was passiert. Bedenken Sie, dass eine Lüge stets mit negativen Gefühlen wie Wut, Scham, Angst und Enttäuschung einhergeht, aber zugleich nicht das Ende einer Beziehung, welcher Art auch immer, bedeuten muss. Schließlich ist Lügen ein allzu menschliches Verhalten und, um wieder einmal David Nyberg zu zitieren, die Wahrheit eine wahrhaftig überschätzte Tugend.

5.4.5 Wie kann ich wieder Vertrauen aufbauen?

„Wer einmal lügt, dem glaubt man nicht". Ist das Vertrauen erst einmal gestört, lässt es sich nur sehr schwer wieder aufbauen. Aus diesem Grund sollten Sie stets darum bemüht sein, einen offenen Vertrauensbruch gar nicht erst geschehen zu lassen. Das bedeutet: Lügen Sie Ihren Partner und Ihre Freunde nicht hemmungslos an, sondern nur dann, wenn es tatsächlich nötig erscheint. Bedenken Sie, dass auch Schweigen eine Art der Lüge ist und Ihnen als Vertrauensbruch ausgelegt werden kann. Hier einige Tipps wie Sie Vertrauen bewahren oder wieder aufbauen können:

a) Bleiben Sie kommunikativ! Speisen Sie Ihr Gegenüber nicht mit kurzen Antworten ab, bei denen der Eindruck aufkommen könnte, Sie wollten etwas verheimlichen. Erzählen Sie stattdessen ein wenig ausführlicher!

b) Machen Sie deutlich, wenn Sie etwas nicht erzählen wollen! Jeder Mensch hat Grenzen, die von niemandem überschritten werden sollten. Wenn jemand permanent etwa durch hartnäckige Fragen an Ihre Grenzen stößt, so brauchen Sie diese nicht mit einer Lüge zu schützen. Es genügt, wenn Sie freundlich darauf hinweisen, dass Sie über dieses Thema nicht sprechen möchten. Als Begründung können Sie angeben, dass es Ihnen unangenehm sei oder zu intim – je nach Situation und Gesprächspartner.

c) Bleiben Sie verlässlich! Vertrauen kann nur bestehen bleiben oder aufgebaut werden, wenn Ihr Gegenüber sich auf Sie verlassen kann und dies auch weiß.

Deshalb: Halten Sie sich an Absprachen. Versprechen Sie nichts, von dem Sie nicht wissen, ob Sie es auch halten können. Brechen Sie keine Versprechen, so klein diese Ihnen auch erscheinen mögen.

d) Seien Sie loyal! Loyalität ist in allen zwischenmenschlichen Beziehungen eine wichtige Eigenschaft. Ohne Loyalität können weder Partnerschaften noch Freundschaften bestehen. Wer zeigt, dass er seinen Liebsten gegenüber loyal ist, verdient Vertrauen.

e) Zeigen Sie Ihre Wertschätzung dem Anderen gegenüber! Seien Sie offen, herzlich und Ihrem Gegenüber zugewandt. Hören Sie ihm zu und stellen Sie interessierte Fragen. Teilen Sie Ihrem Partner und Ihren Freunden von Zeit zu Zeit mit, dass Sie sie toll finden und konkret, welche Eigenschaften Sie dabei besonders mögen.

Im Grunde handelt es sich bei diesen Tipps weniger um Möglichkeiten, zerstörtes Vertrauen wieder aufzubauen als um Hinweise, wie Sie Partnerschaften, Freundschaften und Bekanntschaften durch Ihr Verhalten mit einer tragfähigen Grundlage ausstatten können. Denn eine Beziehung, die auf solch einem festen Grund steht, verträgt deutlich mehr Probleme, Streit und Lügen als eine, die von vornherein bereits durch Misstrauen belastet ist. Wie Sie solche erfolgreiche Freundschaften schließen und pflegen, erfahren Sie im Detail in meinem Ratgeber „Freunde gewinnen: 10 goldene Wege, mit denen Sie echte Freunde finden!". Seien Sie sich jedoch stets bewusst, dass manche Lügen so schwerwiegend sind, dass selbst die beste Freundschaft und längste Beziehung sie nicht erträgt.

6. Fazit

„Wenn alle Menschen immer die Wahrheit sagten, wäre das die Hölle auf Erden.“

(Jean Gabin, französischer Schauspieler)

Jean Gabin, legendärer französischer Charakterschauspieler und in den 1940er Jahren zeitweiser Liebespartner der Marlene Dietrich, war als knurriger Eigenbrötler bekannt. Er zeigte wenig Interesse am Glamour und züchtete lieber auf seinem Landgut schnelle Trabrennpferde. Gabin hatte schon früh erkannt, was die Wissenschaft erst seit wenigen Jahren erforscht und was die meisten Menschen bis heute nicht wahr haben wollen: Nämlich dass die Wahrheit keine Tugend ohne Alternative und eine Gesellschaft ohne Lüge schlicht nicht überlebensfähig ist. Im Grunde kann auch die prosoziale Lüge als Tugend bezeichnet werden, denn ohne sie wären wir alle schlecht gelaunte Einzelgänger und nicht in der Lage, tiefe und tragfähige Beziehungen einzugehen.

In der Tat kann es zu viel Ehrlichkeit geben, wie Sie in den vergangenen 45 Leseminuten gelernt haben. Schon Aristoteles predigte den goldenen Weg der Mitte und so sollten wir es auch mit der Frage nach der Wahrheit oder der Lüge halten.

In diesem Sinne, schwindeln Sie ruhig, wenn es die Situation erfordert und Sie dabei trotzdem noch hinter sich selbst und Ihrem Verhalten stehen können. Das ist die Wahrheit über das Lügen!

Ihre Madame Missou

7. Weiterführende Literatur

- Dan Ariely: Die halbe Wahrheit ist die beste Lüge. Wie wir andere täuschen – und uns selbst am meisten. Droemer HC 2012
- Simone Dietz: Die Kunst des Lügens. Rororo 2003
- Ute Ehrhardt, Wilhelm Johnen: Wenn ich ehrlich bin, dann lüg ich richtig gut. Wahrheit bringt uns nicht immer weiter. Knaur eBook 2013
- Robert Feldman: Lügner. Die Wahrheit über das Lügen. Spektrum Akademischer Verlag 2012
- Rochus Leonhardt, Martin Rösel (u. a.): Dürfen wir lügen? Neukirchner Theologie 2002
- Konrad Paul Liessmann: Der Wille zum Schein. Über Wahrheit und Lüge. 2. Auflage. Paul Zsolnay Verlag 2005
- Claudia Mayer: Lob der Lüge. Warum wir ohne sie nicht leben können. List Hardcover 2007
- John J. Mearsheimer: Lüge! Vom Wert der Unwahrheit. Campus Verlag 2011
- Jörn Müller, Hanns G. Nissing (Hrsg.): Die Lüge. Ein Alltagsphänomen aus wissenschaftlicher Sicht. WBG 2007
- Jack Nasher: Entlarvt! Wie Sie in jedem Gespräch an die ganze Wahrheit kommen. Campus Verlag 2015
- Jack Nasher: Durchschaut. Das Geheimnis, kleine und große Lügen zu durchschauen. Heyne Verlag 2010
- Joe Navarro: Der kleine Lügendetektor. Ein praktisches Handbuch. mvg Verlag 2013
- Friedrich Nietzsche: Über Wahrheit und Lüge. Kindle

Edition
- Matthias Nöllke: Man darf sich nur nicht erwischen lassen. Handbuch der kleinen Sauereien. C.H. Beck 2015
- David Nyberg: Lob der Halbwahrheit. Junius Verlag 2000
- Wolf Schneider: Die Wahrheit über die Lüge. Warum wir den Irrtum brauchen und die Lüge lieben. Rowohlt 2012
- Peter Stiegnitz: Lügen – aber richtig! Die angewandte Theorie der Lüge. Edition Va Bene 2008

Ähnliche Bücher, die Ihnen gefallen könnten:

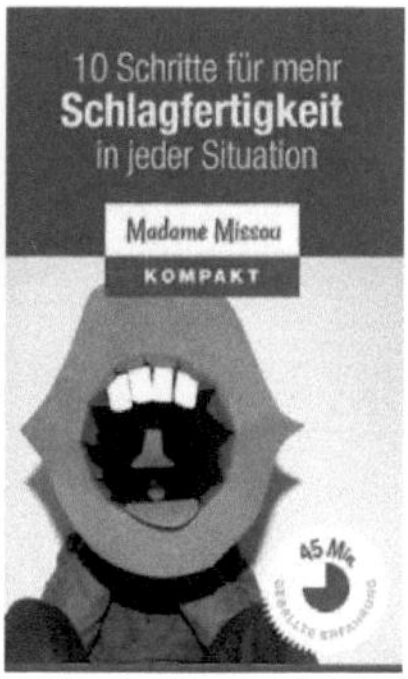

8. Anhang, Rechtliches und Impressum

Wie hat Ihnen dieses Buch gefallen?

„Nicht gemeckert ist genug gelobt!" - dieses kleine Sprichwort kennen die meisten von uns nur allzu gut (aus der Schule, Familie, Firma…). Doch gerade ein kleines Lob kostet den „Sender" nicht viel und spendet dem „Empfänger" unendlich viel Energie! Wenn Ihnen also mein kleiner Ratgeber gefallen und geholfen hat, freue ich mich riesig auf Ihre Bewertung in den Rezensionen bei Amazon. Natürlich ist hier nicht nur positives sondern auch negatives Feedback willkommen (positives aber besonders gerne). Beides hilft mir weiter, dieses Buch kontinuierlich zu verbessern und – dank Ihrer Anregungen – zu erweitern. Also geben Sie sich einen Ruck und schenken Sie mir nun noch 1-2 Minuten Ihrer Zeit für ein Feedback zum Buch auf Amazon.de – **ich danke Ihnen vielmals!**

Über die Autorin Madame Missou

Madame Missou – 1960 in Bamako (Mali) als Tochter des französischen Botschafters und einer argentinischen Botanikerin geboren – hat Kultur und Kunstgeschichte an der Université Paris-Sorbonne studiert. Im Alter von 25 Jahren zog es sie in die neue Welt. In New York eröffnete sie die Galerie *„Madame Missou`s Best World Arts"* und spielte in diversen Musicals Haupt- und Nebenrollen. Anfang der 90er Jahre verkaufte sie ihre Galerie und verlagerte ihren Lebensmittelpunkt nach Europa. Zunächst lebte sie für einige Jahre in Lissabon, Kopenhagen, Moskau und London bis sie sich 1999 entschied dauerhaft nach

Berlin zu ziehen. Hier lebt sie mit Ihrer Familie seit nunmehr fast 15 Jahren glücklich in Ruhe und führt ein erfolgreiches Leben als Schriftstellerin, Lebenstrainerin, Beraterin und Künstlerin. Es sind bereits zahlreiche Bestseller-Ratgeber von ihr, vornehmlich zu typischen Frauenthemen, erschienen. Darunter auch das kleine Buch, was Sie nun in den Händen halten.

Wenn Sie mehr von Madame Missou wissen wollen, informieren Sie sich doch z.B. auch auf der Website www.MadameMissou.de oder auf Facebook: www.facebook.com/MadameMissou

Rechtliches und Impressum

Wir sind bemüht alle Angaben und Informationen in diesen Buch korrekt und aktuell zu halten. Trotzdem können Fehler und Unklarheiten leider nie vollkommen ausgeschlossen werden. Daher übernehmen wir keine Gewähr für die Richtigkeit, Aktualität, Qualität und Vollständigkeit der vorliegenden Unterlagen. Für Schäden, die durch die (Nicht-) Nutzung der bereitgestellten Informationen mittel- oder unmittelbar entstehen, haften wir nicht, so lange uns nicht grob fahrlässiges oder vorsätzliches Verschulden nachgewiesen werden kann. Für Hinweise auf Fehler oder Unklarheiten an info@madamemissou.de sind wir Ihnen dankbar.

Mögliche Ähnlichkeiten oder Verwechslungen von fiktiven Charakteren in diesem Buch mit realen Personen sind unbeabsichtigt und ohne realen Bezug.

Madame Missou wird vertreten durch die

Maracuja GmbH

Laerheider Weg 13

47669 Wachtendonk

info@madamemissou.de

Coverdesign by Claudia Braun, extenso.de

Copyright Coverbild: PeopleImages, iStockphoto